BANDEIRA DO BRASIL

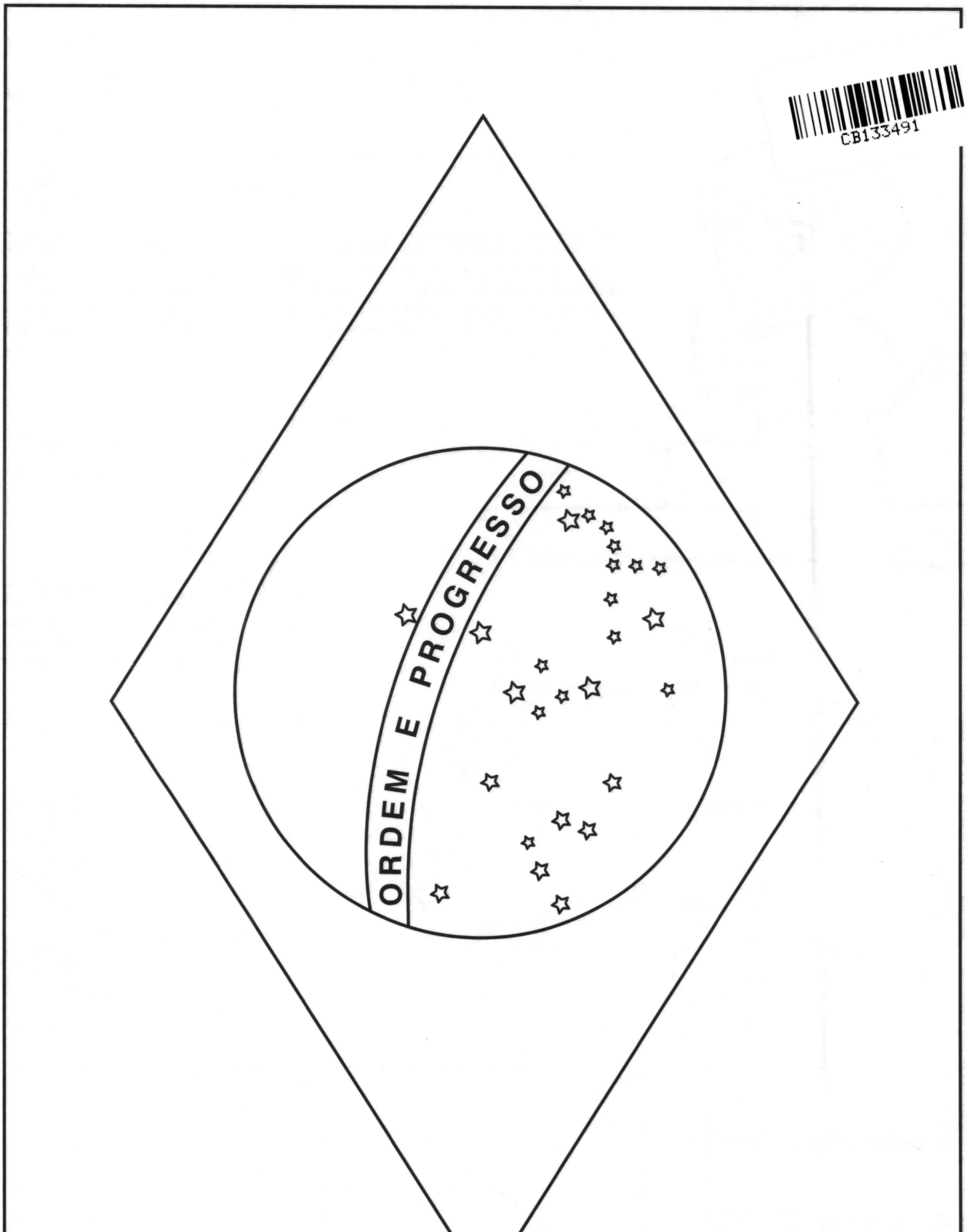

REGIÃO NORTE

BANDEIRA DO ESTADO DO AMAZONAS

O branco lembra a pacificação e o vermelho representa a participação do povo amazonense na Guerra de Canudos; a maior estrela na bandeira é a cidade de Manaus e as demais estrelas são os outros municípios.

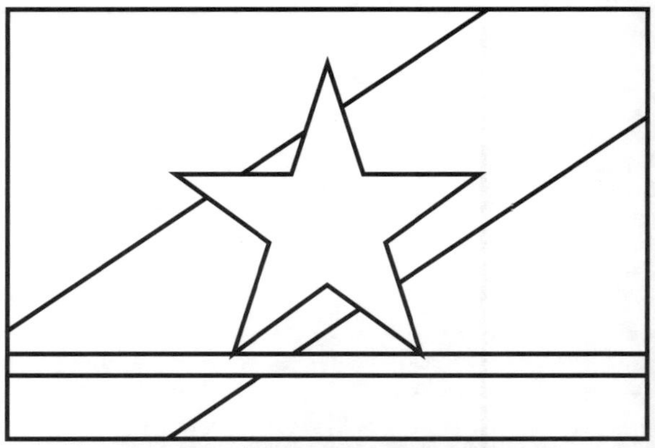

BANDEIRA DO ESTADO DE RORAIMA

A faixa vermelha simboliza a linha do Equador; o verde, o amarelo, o branco e o azul representam a mata, as riquezas minerais, as estrelas e o céu do estado, respectivamente.

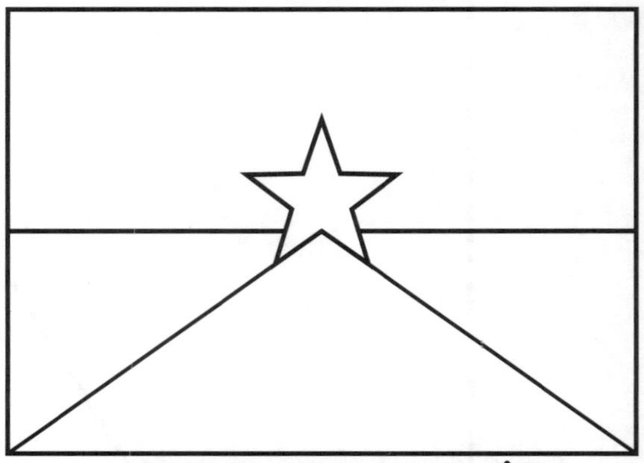

BANDEIRA DO ESTADO DE RONDÔNIA

A estrela do centro da bandeira representa o estado; o azul, o céu; o branco, a paz; o verde, as matas; e o amarelo, as riquezas minerais.

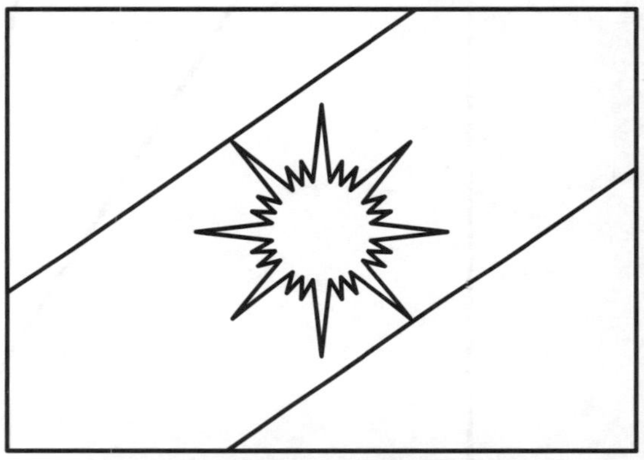

BANDEIRA DO ESTADO DO TOCANTINS

A faixa branca representa os rios; o amarelo simboliza a riqueza do estado; o sol sobre a faixa branca é o símbolo da igualdade.

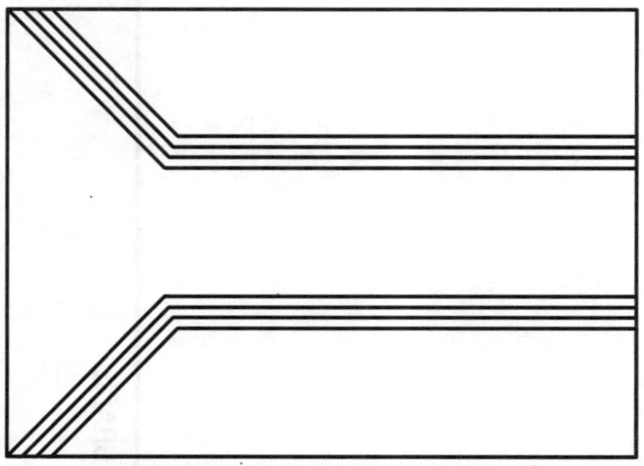

BANDEIRA DO ESTADO DO AMAPÁ

A cor preta representa o respeito por aqueles que morreram defendendo o estado. As matas, as riquezas minerais, o céu e a paz estão simbolizados pelas cores verde, amarelo, azul e branco.

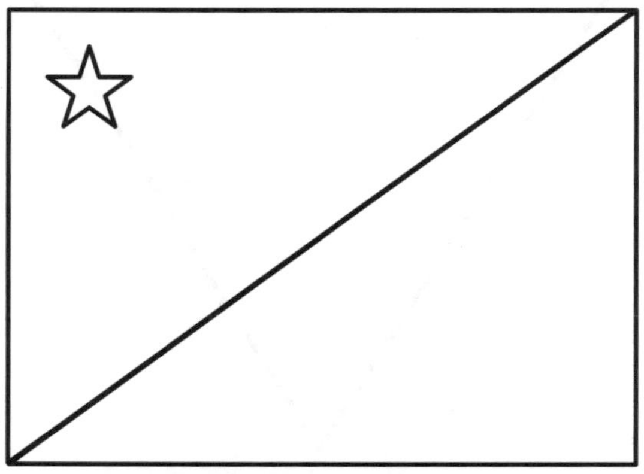

BANDEIRA DO ESTADO DO ACRE

As cores verde e amarelo simbolizam as matas e as riquezas minerais do estado. A estrela vermelha representa os brasileiros que morreram na luta contra os bolivianos, nas terras que hoje formam o Acre.

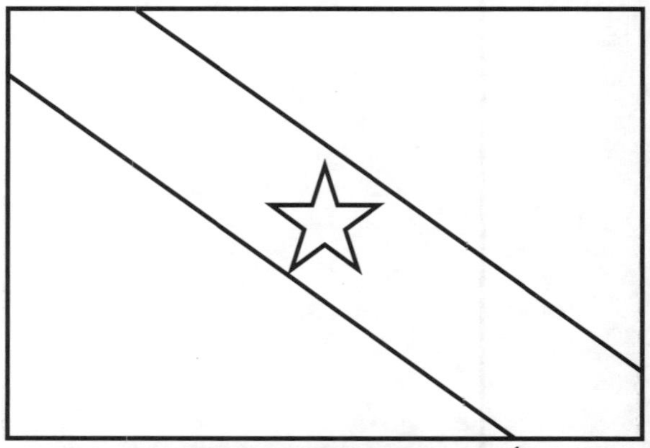

BANDEIRA DO ESTADO DO PARÁ

A linha do Equador e o rio Amazonas são representados pela faixa branca; a estrela azul simboliza o estado do Pará e a força da população é sugerida pelo vermelho.

REGIÃO NORDESTE

BANDEIRA DO ESTADO DE PERNAMBUCO

A bandeira foi criada na Revolução de 1817. O arco-íris significa a união dos pernambucanos; o sol é a força do estado; e a cruz, a fé na justiça. O branco representa a paz e o azul simboliza o céu.

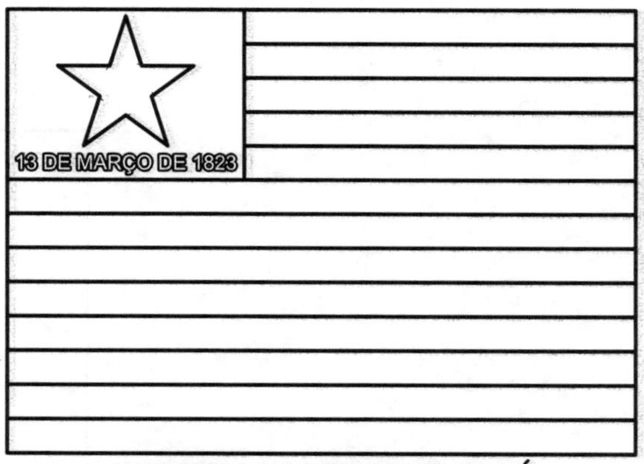

BANDEIRA DO ESTADO DO PIAUÍ

O amarelo sugere a riqueza mineral e o verde, a esperança; a estrela sobre o fundo azul é a representação do estado na bandeira nacional.

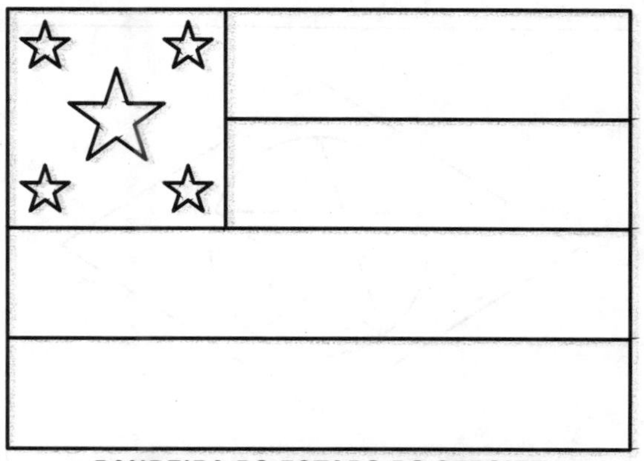

BANDEIRA DO ESTADO DO SERGIPE

As cinco estrelas simbolizam os rios que banham o estado e as cores, a integração ao Brasil.

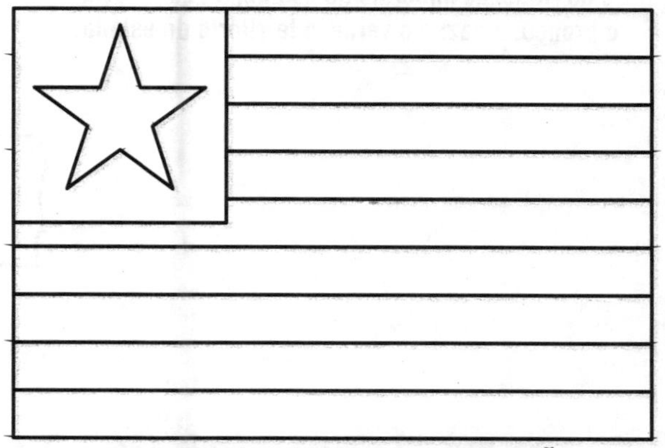

BANDEIRA DO ESTADO DO MARANHÃO

Brancos, negros e índios são representados nas faixas branca, preta e vermelha. O fundo azul e a estrela simbolizam o estado do Maranhão no céu do Brasil.

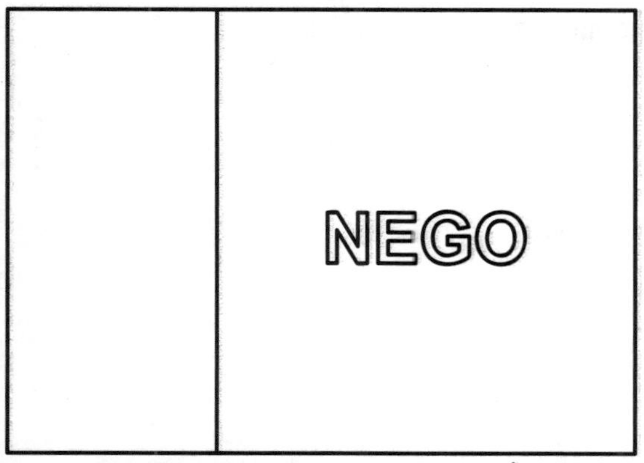

BANDEIRA DO ESTADO DA PARAÍBA

O vermelho lembra o assassinato de João Pessoa; o preto, o luto por sua morte; e a palavra "nego" indica a ejeição do político João Pessoa à candidatura de Júlio Prestes à presidência.

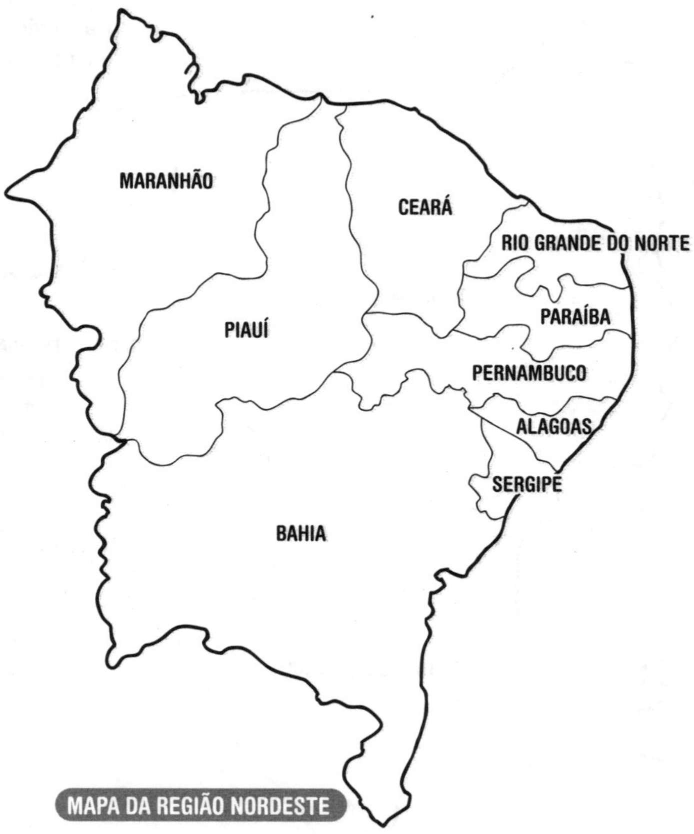

MAPA DA REGIÃO NORDESTE

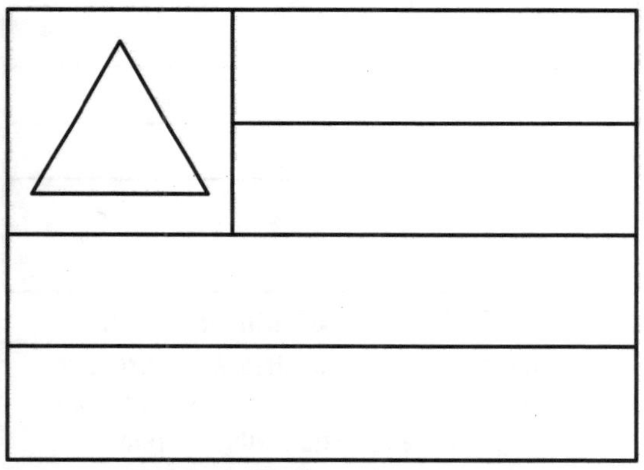

BANDEIRA DO ESTADO DA BAHIA

As cores da bandeira norte-americana representam o apoio baiano aos ideais republicanos. A Inconfidência Mineira e a Conjuração Baiana estão indicadas no triângulo da bandeira.

BANDEIRA DO ESTADO DO ALAGOAS

As cores das faixas simbolizam liberdade, igualdade e fraternidade, em referência à bandeira da França.

BANDEIRA DO ESTADO DO RIO GRANDE DO NORTE

A bandeira apresenta um brasão e nele a reflexão sobre a pesca e a extração de sal, a cana-de-açúcar, o coqueiro e a carnaubeira, lembrados na bandeira.

BANDEIRA DO ESTADO DO CEARÁ

O verde e o amarelo simbolizam as matas e as riquezas minerais. O farol, a jangada e a carnaúba representam a fortaleza do povo do Ceará e a extração vegetal.

REGIÃO CENTRO-OESTE

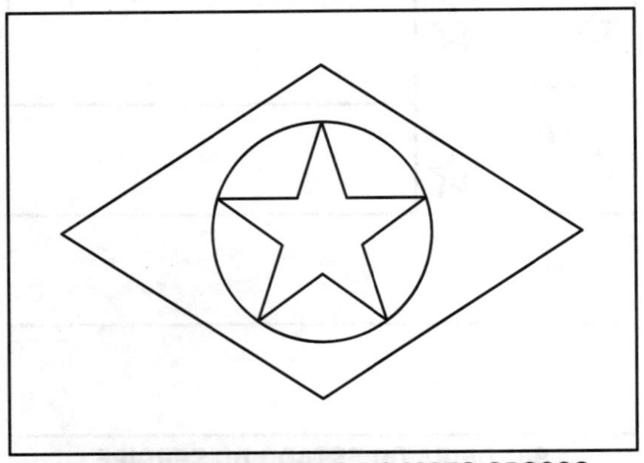

BANDEIRA DO ESTADO DO MATO GROSSO
A estrela simboliza o ideal republicano e as riquezas minerais do estado; o azul, o céu; o branco, a paz; e o verde, o território do estado.

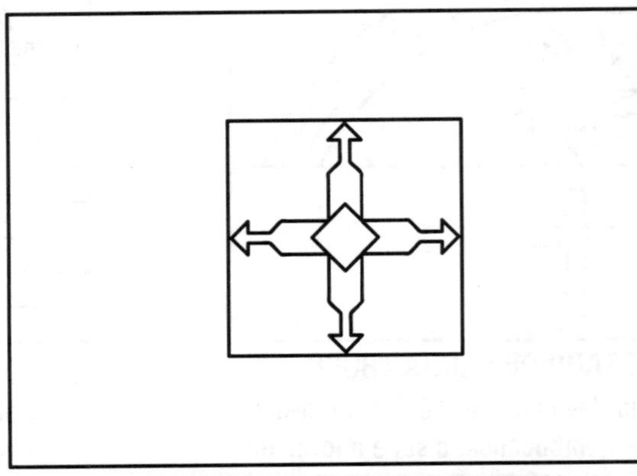

BANDEIRA DO DISTRITO FEDERAL
A paz é representada pela cor branca; as matas pelo verde; a cruz simboliza a herança indígena, a força que sai do centro em todas as direções.

MAPA DA REGIÃO CENTRO-OESTE

BANDEIRA DO ESTADO DE GOIÁS
O quadrado azul é a constelação do Cruzeiro do Sul; as riquezas minerais e as matas são representadas pelo verde-amarelo.

BANDEIRA DO ESTADO DO MATO GROSSO DO SUL
O verde alerta sobre a necessidade da preservação ambiental; o azul simboliza o céu; o branco, a paz; e a estrela representa o estado e a riqueza produzida pelo trabalho.

REGIÃO SUDESTE

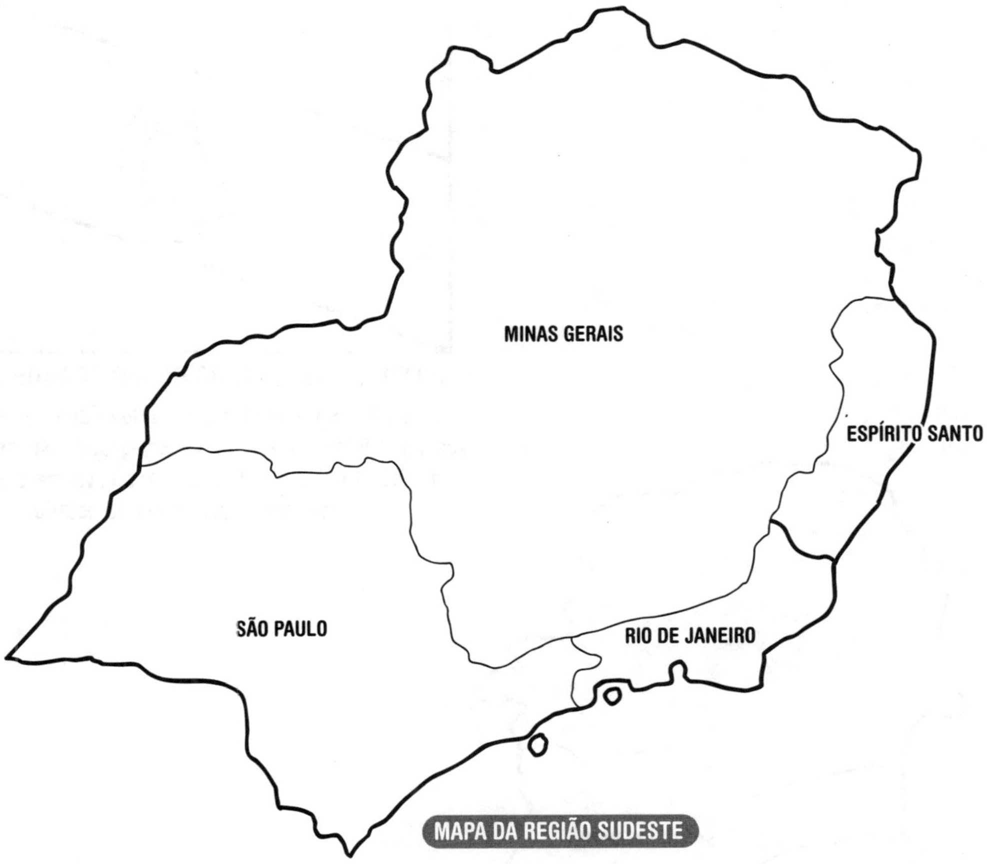

MAPA DA REGIÃO SUDESTE

BANDEIRA DO ESTADO DE SÃO PAULO

Brancos e negros estão simbolizados pelas cores branco e preto; o Cruzeiro do Sul é lembrado através das estrelas; e os índios são representados pela cor vermelha.

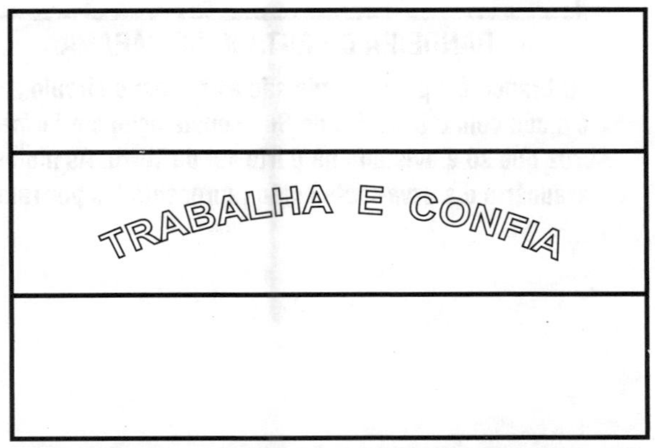

BANDEIRA DO ESTADO DO ESPÍRITO SANTO

Há na bandeira a inscrição "Trabalha e confia", frase de Santo Inácio de Loyola; harmonia, paz e felicidade estão representadas pelas cores azul, rosa e branco.

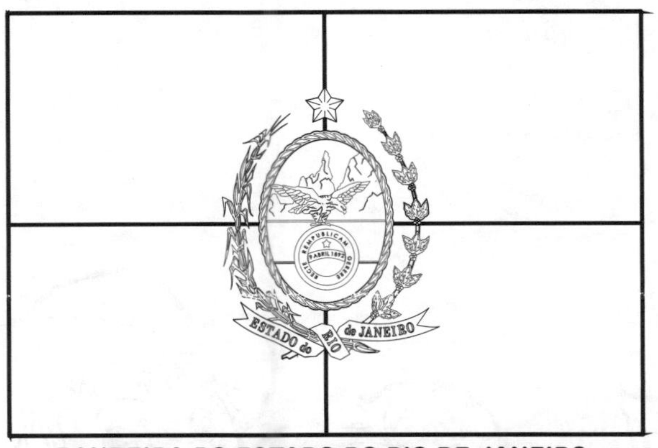

BANDEIRA DO ESTADO DO RIO DE JANEIRO

O azul é o mar e o branco é a paz; o brasão apresenta café e cana como destaques da economia do estado; o cocar, o arco e as flechas são os símbolos nacionais na bandeira.

BANDEIRA DO ESTADO DE MINAS GERAIS

O branco simboliza a paz dos inconfidentes e o triângulo, a Santíssima Trindade. Em latim, está escrita a frase "Liberdade ainda que tardia".

REGIÃO SUL

BANDEIRA DO ESTADO DO RIO GRANDE DO SUL

O brasão representa a Guerra dos Farrapos e a faixa vermelha lembra a República Rio-grandense, emancipada do Brasil na época do conflito; a erva-mate e o fumo retratam a economia do estado.

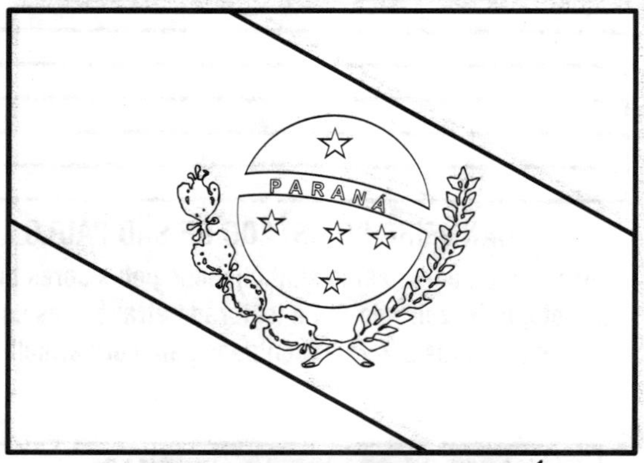

BANDEIRA DO ESTADO DO PARANÁ

O branco é a paz; o verde são as matas; o círculo azul é o céu com o Cruzeiro do Sul, constelação em forma de cruz que só é avistada na parte sul da Terra. As matas de araucária e a erva-mate estão representadas por ramos.

MAPA DA REGIÃO SUL

BANDEIRA DO ESTADO DE SANTA CATARINA

O losango verde simboliza a vegetação; a águia, a força produtiva; o café e o trigo, as lavouras da serra e do litoral; a chave lembra a posição estratégica do estado.

BANDEIRAS QUE POSSUEM BRASÃO

BRASÃO DE SANTA CATARINA

A águia representa a força produtiva do estado; o trigo e o café retratam as lavouras da serra e do litoral; a posição estratégica do estado é indicada pela chave.

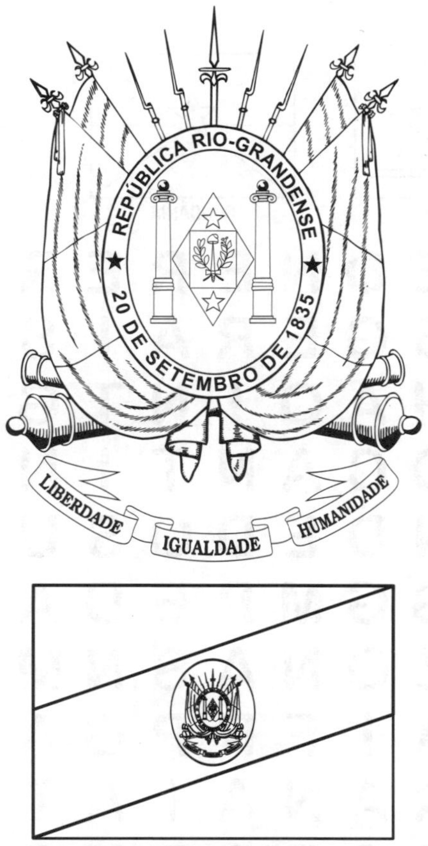

BRASÃO DO RIO GRANDE DO SUL

O brasão retrata a Guerra dos Farrapos.

BRASÃO DO RIO DE JANEIRO

O café e a cana representam a importância desses produtos para a economia do estado.

BRASÃO DO ALAGOAS

O brasão se refere às primeiras cidades alagoanas, Porto Calvo e Penedo, e às riquezas do estado, a cana e o algodão.

BRASÃO DO CEARÁ

O farol, a jangada e a carnaúba representam a fortaleza do cearense e o extrativismo vegetal.

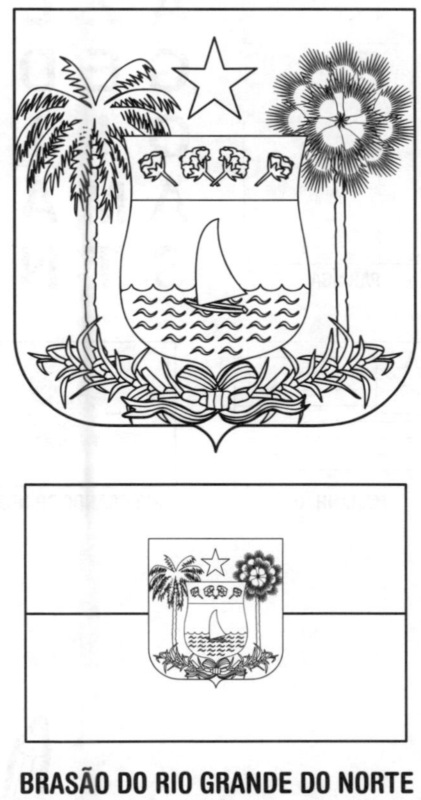

BRASÃO DO RIO GRANDE DO NORTE

O coqueiro, a carnaubeira, a cana de açúcar e o algodão representam a flora do estado.

CAÇA-PALAVRAS

ENCONTRE O NOME DOS ESTADOS BRASILEIROS NO CAÇA-PALAVRAS ABAIXO

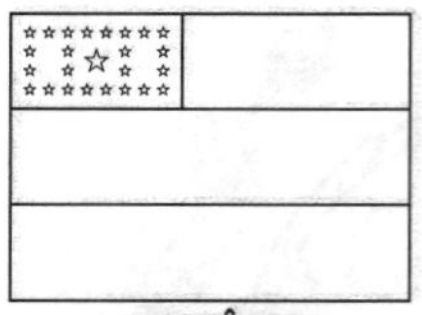
AMAZÔNIA

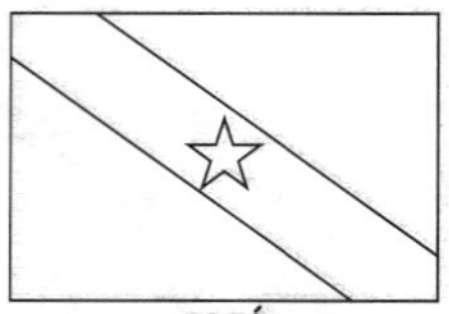
PARÁ

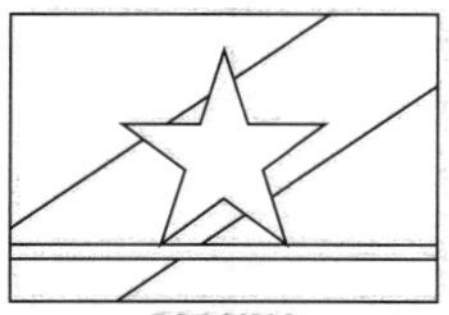
RORAIMA

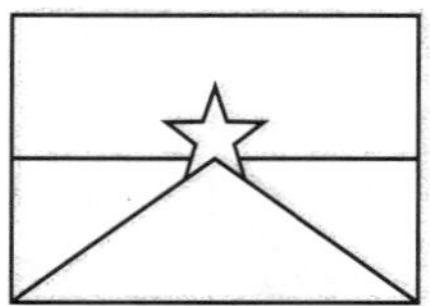
RONDÂNIA

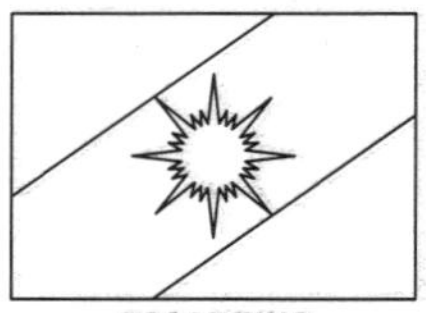
TOCANTINS

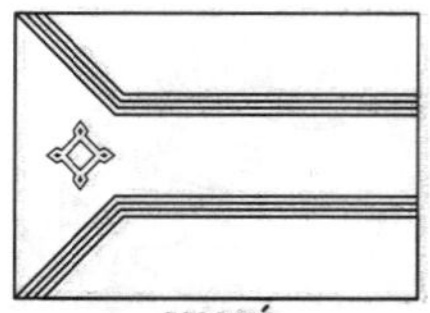
AMAPÁ

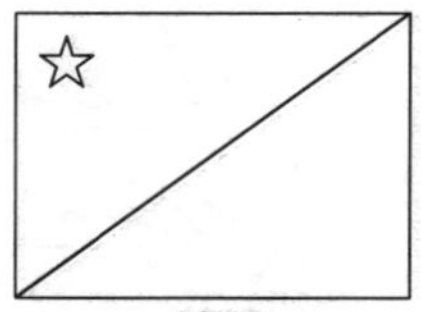
ACRE

PERNAMBUCO

CEARÁ

RIO DE JANEIRO

PIAUÍ

SERGIPE

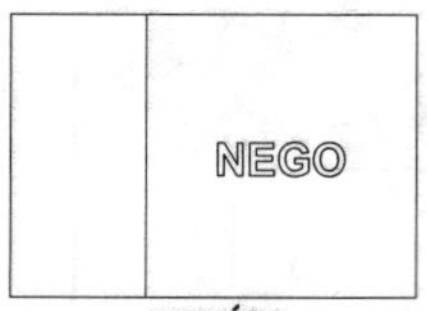

PARAÍBA

D R I M C S E O N E R E R S A O P N S P
I M M I N A S G E R A I S A A I D O A M
S M A R A N H A O I N T G S L N A R E I
T R T A A T O C A N T I N S A O A A O A
R I O G R A N D E D O S U L S A S I N N
I O G B E C G G M P E D A O U A A O T I
T D R A M A Z O N A S N M G O S O T I O
O E O H G T A I F R P G A A R A S C G M
F J S I P A R A N A I A T I O N A O O U
E A S A R R P S L I R M O O I C S M S A
D N O I A I E A L B I M G A D I B I R R
E E D T E N R T N A T R R C C U A E D J
R I O G R A N D E D O N O R T E G O C O
A R S A O P A U L O S T S E R G I P E R
L O U I R A M A O U A S S I D O C A A S
A Z L O A R B E R O N D O N I A C N R O
G E D P I A U I D I T S N E O E A A A A
O I I I M C C A C L O P O R N G I O E E
A M A P A U O T R I R T E A A A R L A O
S T N M R I S S I A E A A P N I L R I A

RIO GRANDE DO SUL

PARANÁ

SANTA CATARINA

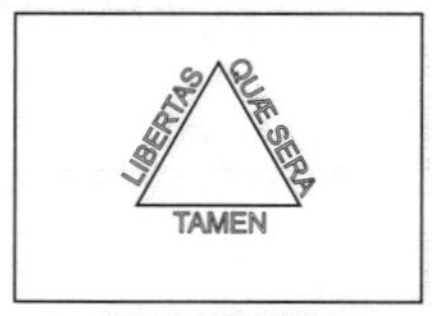

MINAS GERAIS

ESPÍRITO SANTO

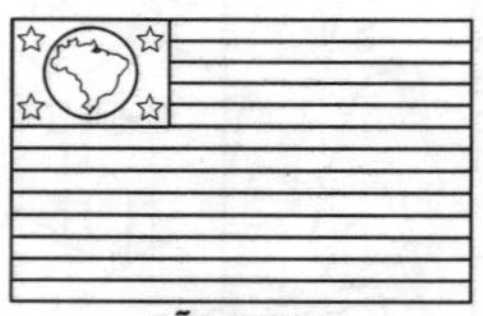
SÃO PAULO

MARANHÃO

RIO GRANDE DO NORTE

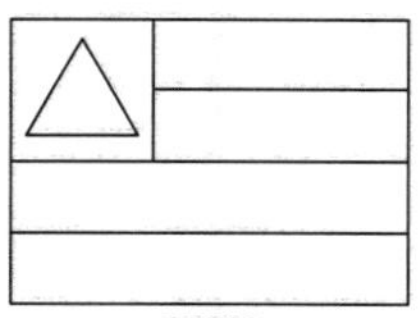
BAHIA

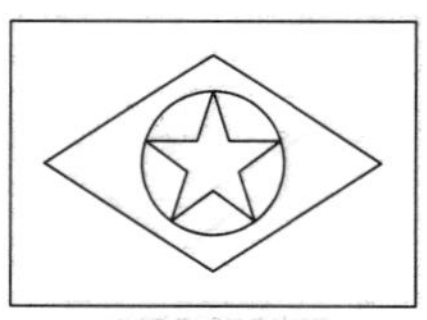
MATO GROSSO

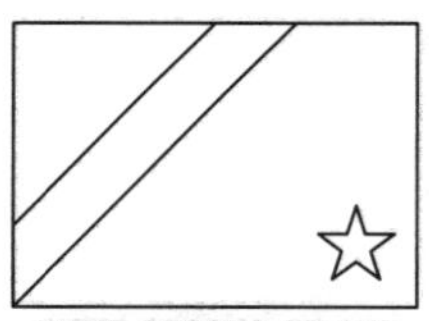
MATO GROSSO DO SUL

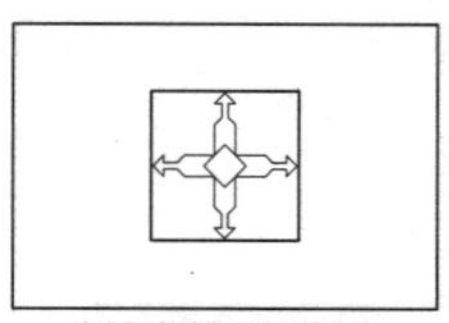
DISTRITO FEDERAL

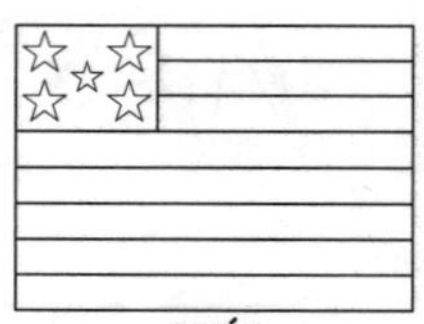
GOIÁS